Índice

Published in 1999 by Routledge; written and produced by The Open University.
Reprinted 2001.

ISBN 0 415 20331 7

Edited, designed and typeset by The Open University.

Printed and bound in the United Kingdom by the Alden Group, Oxford.

23044B/L140trans4i1.2

TheOpen
University

Education and Language Studies:
level 1

ROUTLEDGE

En rumbo 4

Cuadernillo de transcripciones

Transcripciones de vídeo

¡No lo dejes para mañana!

Sus deseos son órdenes... *(01:10:53)*

*En la Escuela Superior de Hostelería de Cataluña[1]
los alumnos aprenden las diferentes disciplinas del
oficio: cocina, servicio de comedor y gestión de
hoteles y restaurantes.*

*En la cocina lo que hace falta es que el trabajo se
haga bien y a tiempo. Aquí no se puede andar uno
con rodeos.*

Jefa de cocina   ¡Atención, marcha vale! Serán
tres: dos *bouillabaisses* y una sopa de pescador.

La comunicación es siempre directa.

Camarera   Teo, ¿pasan los primeros de la 29?

Jefa de cocina   ¿Pasan las alubias y la ensalada
tibia?

Cocinero   Pasan.

Jefa de cocina   Sí. Pues pasadlos.

(01:11:36)

*Sin embargo, para los profesionales que trabajan de
cara al público, la atención al cliente es muy
importante. Un aspecto fundamental es el lenguaje
de la cortesía. En la clase, el profesor Ricardo
Delgado se asegura de que este punto le quede bien
claro a la nueva promoción de estudiantes.*

Ricardo Delgado   ¿Por qué creéis que es básico?
Hay una cosa que es fundamental: si no hay
clientes, no hay trabajo. El cliente es lo que nos
proporciona a nosotros que nosotros tengamos un

trabajo, una seguridad, y tengamos unos ingresos
y podamos tener una calidad de vida.

(Entrevista con Ricardo Delgado)

Pregunta   ¿Qué se entiende por atención al
cliente?

Ricardo Delgado   Atención al cliente, para
nosotros, para los trabajadores de hostelería, es
un concepto global. Con esto quiero decir que, de
alguna manera, engloba todo lo que el cliente
quiere recoger de nosotros: quiere recoger
amabilidad, quiere recoger, eh... simpatía, quiere
recoger... quiere cubrir sus necesidades
básicamente.

(01:12:40)

*El restaurante de la escuela permite a los alumnos
poner en práctica la teoría. Por ejemplo:*

Pregunta   ¿Qué lenguaje se utilizaría para recibir
a los clientes?

Ricardo Delgado   Bueno, pues después de
habernos presentado, de haberles dado la
bienvenida, le diríamos al señor, posiblemente:
'Perdón, ¿me permite el abrigo?' Se podría decir
también: '¿Quiere que le llevemos el abrigo al
guardarropía, que así estará el señor más
tranquilo en la mesa?' Después de habernos
presentado, le diría: 'Señor, si los señores son tan
amables, ¿me acompañan, por favor?', y entonces
los guiaríamos hacia... hasta la mesa.

Pregunta   ¿Cómo se toma la nota?

Ricardo Delgado   Evidentemente tú te dirigirías a
ellos, eh... te pondrías, te situarías delante de la
mesa y entonces, siempre haciendo una pequeña
introducción sin molestarlos, sin cortar
conversaciones que puedan tener entre ellos, les
diríamos: '¿Han decidido ya los señores?
Eh...¿podemos coger ya la comanda?'

---

[1] The name in Catalan is *Escola Superior
d'Hosteleria de Catalunya*

(En el comedor del restaurante)

Camarera   Perdón, ¿han decidido ya?

Clienta   ¿Me podría explicar de qué se compone la ensalada mediterránea?

(01:13:53)

Ricardo Delgado   Mira, una de las cosas que nosotros valoramos más en hostelería es la elegancia natural que pueden tener nuestros profesionales de sala: saber moverse bien por una sala, actuar con elegancia, transmitir corporalmente una sensación de saber hacer, una sensación de... de alegría al hacer las cosas, una sensación de estar dominando el trabajo que estás desarrollando en el... en el momento de... de la sala, pues para nosotros es muy importante.

(01:14:25)

Camarera   Muy bien. ¿Y usted?

Cliente   Yo querré un entrecot de vedella[2].

Camarera   ¿Cómo querrá el entrecot? ¿Hecho? ¿Poco hecho? ¿Al punto?

Cliente   Poco hecho, por favor.

Camarera   ¿Para beber?

Cliente   Sí, lo que usted nos aconseje.

Camarera   Aconsejaría un tinto. ¿Un *Marqués de Cáceres*, por ejemplo?

Clienta   Perfecto.

Camarera   ¿Sí?

Cliente   Muy bien.

Camarera   ¿Tomarán agua?

Cliente   Sí.

Clienta   Sin gas.

Camarera   ¿Sin gas? Muy bien. Gracias.

---

[2] *Vedella* is the Catalan word for *ternera*, 'veal'.

(01:14:47)

La profesión presenta un sinfín de situaciones difíciles. Por ejemplo, cuando se desea que los clientes se marchen porque hay que cerrar.

Ricardo Delgado   Bueno, primero me gustaría observarte que en España hay una cierta flexibilidad en cuanto a la hora de cierre de un restaurante. Teniendo en cuenta esto, siempre una vez superado este límite razonable, este límite natural que nosotros imponemos en nuestro propio restaurante, pues existen muchas formas de... de intentar conducir al cliente a... a nuestro objetivo, que en ese... en este caso sería que saliese del restaurante.

Una de las fórmulas podría ser, investigando un poco también la tipología del... del comensal – por ejemplo cambia muchísimo que sea una pareja joven o una pareja mayor con problemas... Investigando todo esto, hay muchas fórmulas y una podría ser: 'Miren, les vamos a invitar a un... a una última copa, pero dentro de unos diez minutos, eh... nosotros debemos cerrar el restaurante.'

Otra fórmula puntual podría ser: 'Mire, lo siento muchísimo, estamos cerrando caja, y si son tan amables les vamos a entregar la nota y así podemos ir acabando de cerrar nosotros la caja.'

(01:16:00)

Ricardo Delgado   Bueno, puntualizando...

En el mundo de la hostelería, al fin y al cabo, lo importante es que el cliente quede satisfecho.

Estudiante 1   Queremos que se acuerde del buen trato que le hemos dado.

Ricardo Delgado   ¿Mónica?

Estudiante 2   Queremos que el cliente se sienta cómodo.

Estudiante 3   Queremos que el cliente nos distinga de los demás establecimientos.

Estudiante 4 Queremos que el cliente vuelva a nuestro establecimiento.

Ricardo Delgado Muy bien.

¿Qué aspiraciones tiene para su país para el nuevo milenio? **(01:16:35)**

Respuesta 1 Pues yo quisiera que saliéramos de este hoyo tan grande en el que estamos metidos. En algún momento vamos a salir pero creo que en muchos, muchos años. Yo espero que sea más pronto y que México esté mejor, porque no estamos muy bien ahora.

Respuesta 2 Pues más que nada un rescate de los valores que siempre nos han sustentado como nación y como individuos. Espero que esto se realice. Es urgente que el pueblo recupere todo lo que ha sido su historia.

Respuesta 3 Pues mis expectativas son que en este país haya una real democracia. Eso sería lo mejor que podía pasarnos a todos.

(01:17:19)

Respuesta 4 Eh, yo creo que... no sé... que no haya guerra, que la Unión Europea funcione, eh... y que se puedan atajar enfermedades como el sida, que se puedan paralizar.

Respuesta 5 Para el próximo milenio las aspiraciones que yo tengo para mi propio país es que evolucione, eh... a un nivel quizá más espiritual, que no exista tanto materialismo, que no vayamos a una sociedad tan... tan movida, tan nerviosa, que... que hagamos las cosas un poco más lentamente.

Respuesta 6 ¡Hombre! Las aspiraciones para mi país, supongo que lógicamente es que vayamos a mejor, que no vayamos a peor.

(01:18:11)

Respuesta 7 Que se mantenga la dignidad hacia la persona, principalmente porque al mantener la dignidad hacia la persona se puede generar trabajo, se puede generar riqueza y se puede generar bienestar espiritual y material.

Respuesta 8 Creo que los peruanos tenemos muchas esperanzas de que se logre la paz, se logre la unidad en un país tan heterogéneo, y sobre todo se practique la tolerancia.

¿Qué aspiraciones tiene para sus hijos? **(01:18:40)**

Respuesta 1 La esperanza que tengo para mi hijo es que pueda vivir mucho mejor que hemos vivido los que... los padres de ahora.

Respuesta 2 Pues mira, aspiraciones para mis hijos, lógicamente que tengan trabajo, que tengan salud, que encuentren una persona para ellos que... sean una pareja feliz, y que, ¡vaya!, que todo les vaya bien.

Respuesta 3 Para mis hijos y para todos los niños en general, mi esperanza está en que realmente vivan en un mundo algo mejor. Que consigan poder volver a estar con la naturaleza, que puedan volver a sentir y estar más sensibles con las cosas, que la tecnología esté más a su servicio de buena vida que no a su estrés y a la... y al nervio y a la incomodidad que estamos viviendo actualmente nosotros. O sea, que mi esperanza es que realmente vivan en un mundo mejor.

Respuesta 4 Quiero que ellos tengan, mantengan y alimenten una salud interior, una salud mental que les permita la paz y la tranquilidad y asimismo la fortaleza para enfren... enfrentar todos sus... todos sus retos, todas sus necesidades.

Respuesta 5 Bueno, él todavía es un niño de cinco años. Para el futuro, primero que se realice como persona, como ser humano, como hombre, como individuo y después de eso, que él alcance las metas que quiera alcanzar.

Los medios de comunicación

Así se hace una noticia *(01:20:22)*

Pregunta   ¿Qué te gusta más, la radio o la televisión?

Respuesta   La televisión.

Pregunta   ¿Le gusta más la radio o la televisión?

Respuesta   La radio.

Pregunta   Por favor, ¿le gusta más la radio o la televisión?

Respuesta   No, la televisión.

(01:20:55)

TVE, Televisión Española, forma parte del grupo audiovisual más importante de España. Manolo Román es periodista y realiza espacios culturales para Telediario*, un programa nacional de noticias que tiene una audiencia media de tres millones y medio de espectadores.*

Manolo Román   Pues me llamo Manolo Román. Soy periodista de Televisión Española. Trabajo en los informativos diarios, en los telediarios, y hago informaciones de asuntos de cultura.

Manolo Román trabaja para Televisión Española desde hace cinco años.

Pregunta   ¿Por qué atrae el periodismo televisivo a tantos jóvenes?

Manolo Román   Pues porque yo creo que mucha gente joven, cuando está en la universidad, o accede a la universidad, pues se acerca a un oficio como éste, pues porque hay una aureola romántica y aventurera, etcétera, ¿no?, y de prestigio social y de fama, etcétera, ¿no?, que hace que mucha gente se sienta atraída por este negocio del periodismo, ¿no? Pero luego me temo que lamentablemente el ejercicio del oficio no es exactamente ése.

Manolo Román nos explica cómo se hace un programa de televisión.

Manolo Román   Pues os cuento mejor, si os parece, no un programa en concreto sino una noticia, que es de lo que yo hago todos los días, ¿no? Bueno, de forma muy sencilla, ¿no? Primero te enteras de que las cosas pasan por vías varias y diferentes. A partir de que te enteras, eh... valoras, si eso que, eh... la noticia tiene algún interés para el editor del telediario.

(01:22:18)

Manolo discute las diferentes posibilidades con Marisa, su jefa en la sección de Cultura, y juntos deciden cuál es la historia más prometedora.

Marisa   Éste es el tema importante. ¡Que te lo compren!

Después de acordar la historia con Marisa, Manolo Román tiene que intentar venderle la noticia al jefe de Telediario.

Jefe de Telediario   Manolo Román, ¿qué tenemos en Cultura?

Manolo Román   A ver. Bueno, hay una cosa que está bien que es el... Pasqual, Lluis Pasqual, y Antonio Canales hacen... ensayan hoy una coreografía que estrenan en el Festival de Otoño, que tiene dos protagonistas: uno es Lorca y el... y *La casa de Bernarda Alba*, en el que el Canales baila de tía y baila de Bernarda, etcétera, y la segunda es *Guernica*, que está basada evidentemente, ¿verdad?, pues... en el cuadro de Picasso.

Jefe de Telediario   Muy bien, vale. Venga, vamos a Laboral.

(01:23:12)

El jefe de Telediario *le ha comprado la noticia, y Manolo sólo tiene tres horas para desplazarse con su equipo al lugar de filmación, realizar las entrevistas y editar el programa para que esté listo para las noticias de las tres de la tarde.*

Manolo Román   Bueno, pues hoy entrevistamos a Lluis Pasqual, que es un director de escena español muy prestigioso y con mucha trayectoria internacional, etcétera, que se ha juntado con Antonio Canales, que es un bailaor flamenco.

(Señala.)   Antonio Canales.

Antonio Canales   Hola.

Manolo Román   Antonio.

Antonio Canales   Hola.

Manolo Román   ¿Qué tal? No te preocupes, soy Manolo Román de televisión.

(01:23:47)

Manolo Román   Pues los dos juntos, Canales y... y, eh... Lluis Pasqual hacen un montaje basado en un texto de Lorca y en el *Guernica* de Picasso. Pues el primer montaje se llama *Bernarda*, que se refiere a... bueno, a *La casa de Bernarda Alba* y en el montaje Antonio Canales hace el papel de Bernarda y toda la compañía también, toda la compañía son hombres, ¿no? Sabes que en la historia son cinco hijas y una mujer. Y el segundo montaje sería... se llama *Guernica* y es una coreografía también basada o inspirada en... en el cuadro de Picasso, ¿no?

(Manolo Román entrevista a Lluis Pasqual)

Lluis Pasqual, te decía cuando empezamos a charlar, menudo lío éste, ¿no?, del flamenco.

Lluis Pasqual   Sí, sí, es un... pero es un lío que se te va metiendo en el cuerpo como a ellos. Yo los primeros días de ensayo, eh... a las cinco horas de 'taca taca taca taca ta' ya no podía más, ya me tenía que ir al hotel, y ahora ya voy por los ascensores haciendo ritmos, es una cosa que se te pega.

(01:24:37)

Lluis Pasqual lleva ensayando seis semanas con la compañía de baile de Antonio Canales, uno de los bailaores más famosos de España. Sólo quedan ocho días para el estreno.

Antonio Canales   El flamenco es un mundo, no se puede... es una manera.

Además de tener que editar este programa, Manolo Román también tiene planeadas otras entrevistas.

Pregunta   ¿A quién más va a entrevistar?

Manolo Román   Pues revisamos mi agenda de memoria y así a corto plazo entrevistaré... sobre la semana próxima, en tres, cuatro días, a una escritora cubana que se llama Zoé Valdés... que es, eh... pues una exiliada cubana en París.

Pregunta   Ya sabemos que el flamenco no es un tema polémico, pero en general, ¿hay alguna restricción en lo que se puede y no se puede enseñar por las pantallas en un informativo?

Manolo Román   No hay... en mi opinión, afortunadamente, ningún código... que... que diga exactamente eso, ¿no?, lo que se puede y no se puede utilizar. Sí hay en cambio una... pues un sentido común ético o moral, digamos, ¿no? ¿Qué quiero decir con esto? Pues por ejemplo cuando se trata de imágenes de violencia infantil, de malos tratos a la infancia, de niños que han sido, eh... objeto de violencia sexual, por ejemplo, ¿no? Pues hay un... código no escrito, como te decía, que hace que los periodistas no usemos esas imágenes de los niños y no enseñemos las caras de niños sometidos a malos tratos, por ejemplo, ¿no?, o digamos que hay una especie de... de retención, de freno ético, que te impide... solazarte con la violencia, es decir, no pones un primer plano de alguien a quien le cortan el cuello.

(01:26:27)

Editar espacios para Telediario *puede ser una carrera a contrarreloj, pero hay algunos aspectos de su trabajo que compensan el esfuerzo.*

Manolo Román   El placer de hablar y de... eh... tomar un café con gente como García Márquez o como... Octavio Paz, como Jorge Amado... o como Carlos Fuentes, o como escritores de este tipo, ¿no?

Pregunta   ¿Recuerda alguna anécdota en particular?

Manolo Román   Cuando, eh... pues por ejemplo cuando me encontré por primera vez con García Márquez... que tuvimos que perseguirlo mucho porque no quería darnos una entrevista, eh... le... averiguamos en el hotel en el que estaba... eh... se nos escapó en un taxi y le tuvimos que seguir detrás, y finalmente nos vinimos a encontrarlo en el aeropuerto cuando embarcaba directamente, ¿no? Y la verdad es que fue divertido porque García Márquez, que es un dios de la literatura, pues después de huir de nosotros, cuando lo encontramos fue absolutamente amable, absolutamente encantador, y se nos presentó como un colega, porque éste es de los que ha ejercido el periodismo en... en Colombia, ¿no?

Pregunta   Los espacios culturales están cambiando mucho. ¿Cuáles son las tendencias de cara al futuro?

Manolo Román   Pues yo creo que la tendencia es a que cada día haya menos, porque las televisiones en este país, como me temo que en todos los países, pues, eh... viven de la publicidad, la publicidad va donde está la audiencia y la audiencia no elige programas culturales. De forma que si lo miramos desde ese punto de vista, el futuro de los programas culturales, digamos que... tiene tendencia a lo negro.

Pregunta   ¿Qué se puede hacer para mejorar la situación de los espacios culturales?

Manolo Román   Yo no sé cuántas cosas puedo hacer yo para que los programas de cultura sigan existiendo, pero en fin, haremos lo que podamos, sencillamente haciendo información cultural seria y razonable en los informativos donde yo trabajo, ¿no? Y más que eso yo no puedo hacer, ¿no?

¿Qué le gusta más, la radio o la televisión?   (01:28:40)

Respuesta 1   Bueno, pues a mí me gusta más la radio porque la radio da mayor campo de imaginación, tú te puedes imaginar más cosas, es un... aspecto mucho más libre. Si a ti te presentan una película, ya te presentan dado la imagen, el color, el sonido. En cambio si tú... un texto te lo narran en la radio, tú te puedes imaginar diferentes cosas, te da... da mucho más lugar a la fantasía. Depende de tu inteligencia y lo que puedas hacer con eso. Eso cabe... eso va por tu cuenta, en cambio la televisión ya está dado. A mí me gusta más la radio.

Respuesta 2   A mí me gusta más la televisión que la radio porque tengo la oportunidad de ver imágenes, movimiento, colores. También tengo el efecto sonoro. Eso me agrada más que nada más escuchar.

Respuesta 3   A mí me gusta más la radio porque mientras la escucho puedo hacer otras cosas a la vez.

Respuesta 4   Me gusta más la televisión porque así me puedo sentar tranquilamente a ver... cuando tengo tiempo libre, aunque cuando tengo poco tiempo y hago otras cosas a la vez, me gusta más la radio.

¿Ha usado usted alguna vez la Internet?   (01:29:47)

Respuesta 1   No, nunca.

Respuesta 2   Sí, la uso bastante y creo que es una herramienta bastante... bastante útil.

Respuesta 3   Sí. La suelo usar en el trabajo habitualmente para buscar información y también en casa para otras cosas como viajes y demás.

Respuesta 4   Pues no, no, no.

Cinta de actividades 4 — Cara A

This is the fourth Activities Cassette for the Open University Level 1 Spanish course, *En rumbo*. Side 1: *¡No lo dejes para mañana!*

Curso de español de la Open University, *En rumbo*. Cinta de actividades número 4. Cara A: *¡No lo dejes para mañana!*

Extracto I

Escuche cómo María Jesús organiza a sus compañeros para preparar la fiesta de despedida de Patricia:

> Eugenia, tú haz una colecta para el regalo. Ana y Raúl, vosotros comprad el regalo. Podéis ir a El Corte Inglés a la hora de comer. Martín, tú vete a la pastelería y encarga la comida. ¿Podrías ir ahora mismo? Eugenia, tú prepara la mesa y pon la comida cuando llegue, ¿vale? Carlos y Leticia, vosotros... ¡ya sé! Vosotros traed música. Ya sabéis: boleros y tangos, que es lo que le gusta a Patricia. ¿De acuerdo? Yo me encargo de comprar las flores y de entretenerla mientras preparáis todo.

Extracto 2

Reaccione a lo que estas personas dicen, siguiendo el estímulo. Para dar su respuesta deberá usar el imperativo negativo como en el ejemplo:

Bueno, me voy.

(Don't go yet.)

No te vayas todavía.

(a) Voy a escribirle a papá diciéndole que venga.
   (Don't write to him.)
   No le escribas.

(b) Hola, ¿cómo estás, *Ricardito*?
   (Don't call me that!)
   ¡No me llames así!

(c) Voy a cambiar la cerradura.
   (Don't change it today.)
   No la cambies hoy.

(d) El domingo queremos ir a veros.
   (Don't come on Sunday.)
   No, no vengan[3] el domingo.

(e) Si quieren, mando las esculturas en el primer envío.
   (Don't send them yet.)
   No las mandes todavía.

(f) ¿Te despierto a las siete?
   (No, don't wake me up until nine o'clock.)
   No, no me despiertes hasta las nueve.

Extracto 3

Escuche a una madre que explica cómo consigue que su hija haga lo que le pide. La madre habla de cómo es preferible pedir que mandar. Lo que pasa es que cuando la niña no hace caso, hay que pasar de pedir... ¡a mandar!

> A los niños hay que explicarles, aunque la gente dice que no nos entienden, yo estoy en desacuerdo. Yo creo que un niño entiende muy de prisa. Lo que pasa es que los adultos no tenemos tiempo a veces y lo que nos sale más fácil es mandar. Para mí la diferencia está en 'mandar' y 'pedir'. Entonces yo creo que a los niños hay que

---

[3] Remember that in Latin America *ustedes* is used instead of *vosotros*; hence this form of the negative imperative.

pedirles que hagan algo, no mandarles. Lo que pasa es que a la tercera que no te hacen caso, entonces llega un momento que les mandas, ¿no? Pues entonces yo, en general, mi manera de dirigirme a mi niña cuando quiero que haga algo, por ejemplo que se vaya a lavar las manos o que vaya a hacer un pipí o... lo que sea, pues le digo: 'Julia' y además me incluyo en eso, ¿no? 'Julia, vamos a lavarnos las manos', ¿no? O incluso le digo: 'Como tienes las manos sucias, tenemos que lavarnos las manos', ¿no? O sea, intento explicar, doy como una especie de contexto. La segunda vez, pues digo: '¡Venga, Julia, vamos a lavarnos las manos, por favor!', siempre 'por favor'. Y a la tercera, cuando no me hace caso, porque los niños entre tres y cuatro años están para eso, ¿no?, para no hacer caso, pues entonces ya digo: '¡Julia! ¡A lavar las manos!' Aunque también, entonces antes de recurrir a esto, y funciona, lo que pasa es que hay días en que una va más cansada, lo que sea y que ya no se te ocurre ese recurso, pero yo creo que con sentido del humor – aunque yo no tengo pero he aprendido como técnica pedagógica ¿no? – hacerle hacer algo jugando, ¿no? Entonces a veces antes de llegar al '¡Julia! ¡A lavar las manos!' digo: '¡Que te persigo, que te persigo! ¡A ver quién llega antes!', ¿no? Entonces consigo que haga lo que quiero, ¿no?

Extracto 4

Escuche el estímulo y exprese la orden que se dice con la estructura *a + infinitivo*. Fíjese en el ejemplo:

¡Vete a estudiar para el examen de Historia!

¡A estudiar para el examen de Historia!

(a) ¡Come la verdura ahora mismo!
     ¡A comer la verdura!

(b) ¡Vengan a comer!
     ¡A comer!

(c) ¿Que quieres dejar el piano? ¡Ponte ahora mismo a practicar!
     ¡A practicar!

(d) ¡Ve a bañarte ahora mismo!
     ¡A bañarte!

(e) ¿Que no has hecho los deberes todavía? ¡Hazlos ahora mismo!
     ¡A hacer los deberes!

Extracto 5

Ahora don Pedro le cuenta cómo le gustan las mujeres.

> Hombre, a mí las mujeres siempre me han gustado... Creo que es lo mejor que hay en este mundo. ¿Qué tengo que pedir a mi edad? Pues, que sean guapas, que sean inteligentes, que sean limpias y que no tengan mal carácter.

Extracto 6

A continuación va a escuchar a varias personas que hablan del tipo de hombre o mujer que les gusta. Desafortunadamente hay un problema con el sonido y sólo va a escuchar el comienzo y el final de cada frase. Reconstruya lo que dice cada persona, usando los verbos 'ser' y 'tener', como en el ejemplo:

¿Las mujeres [...] independientes, pero [...] egoístas.

¿Las mujeres? Me gusta que las mujeres sean independientes pero que no sean egoístas.

(a) ¿Los hombres? [...] cariñosos.

¿Los hombres? Me gusta que sean cariñosos.

(b) ¿Los hombres? [...] sensibles, y sobre todo [...] machistas. ¡Odio el machismo!

¿Los hombres? Me gusta que sean sensibles, y sobre todo que no sean machistas. ¡Odio el machismo!

(c) Los hombres... me gusta [...] viriles y ¡[...] mucho dinero!

Los hombres... me gusta que sean viriles y ¡que tengan mucho dinero!

(d) ¿Las mujeres? [...] hacendosas y sobre todo [...] feministas!

¿Las mujeres? Me gusta que sean hacendosas y sobre todo que no sean feministas.

(e) ¿Las mujeres que trabajan para mí? [...] eficientes y seguras de sí mismas.

¿Las mujeres que trabajan para mí? Me gusta que sean eficientes y seguras de sí mismas.

(f) ¿Los hombres que trabajan para mí? [...] eficientes y dispuestos al trabajo en grupo.

¿Los hombres que trabajan para mí? Me gusta que sean eficientes y dispuestos al trabajo en grupo.

(g) ¿Las mujeres? Sobre todo [...] un buen sentido del humor.

¿Las mujeres? Sobre todo me gusta que tengan un buen sentido del humor.

Extracto 7

En el siguiente extracto va a oír a dos españoles octogenarios que hablan del tipo de mujer que les gusta:

¿La mujer? A mí me gusta que sea guapa, buena mujer, como ha sido mi madre: una mujer de casa, una mujer que se preocupe por los hijos, una mujer que se cuide ella, que se cuide al marido y que cuide la casa, ¿eh?

Pues me gusta que sean humildes y bien habladas y que sean señoras de verdad, con un porte elegante, educadas y un poco inteligentes, aunque no sean mucho, pero un poco sí.

Extracto 8

Ahora va a escuchar a Amparo, una mujer española de 50 años. Ella describe algunos de los cambios generacionales con respecto a la mujer y al tipo de pareja que las mujeres de su generación buscan:

Yo creo que para una mujer como mi madre, la pareja ideal tiene que ver con las expectativas que ella tenía y las expectativas que ella tenía era ser fundamentalmente esposa y madre. Y por tanto, la pareja ideal pues ha de ser el complemento de esta esposa y madre, ¿eh?

Las mujeres de mi generación, tanto las que habíamos estudiado como las que no, empezamos a pensar que no nos gustaba ser como nuestras mamás. Y que no nos gustaba ser como nuestras mamás quería decir que no nos gustaba una pareja como nuestros papás. Y entonces eso quería decir que buscábamos una forma de vida en la que fuéramos autosuficientes.

Nuestra primera ruptura es 'No nos gusta ser como nuestra madre'. Entonces la única salida que tienes es buscarte los medios de vida, buscarte un trabajo y por tanto introducirte en el mercado de trabajo, cada cual según sus posibilidades. Esto nos ha llevado, bueno, a reivindicar una igualdad que en aquel momento no existía porque en la dictadura había una discriminación muy grande contra las mujeres. Pero, sin darnos cuenta, acabamos pareciéndonos demasiado a nuestro padre. Y entonces, por lo menos algunas, en un segundo momento pensábamos que tampoco nos gustaba ser como nuestro padre.

Una mujer de hoy, de mi generación, de las que hemos nacido en los años cuarenta o cincuenta, normalmente necesita que su pareja comparta sus intereses, sus aficiones..., que sea un compañero... que sea un compañero, un amigo, un amante... ¿eh? Quiere decir que, o la pareja es varias cosas a la vez, o si no, pues normalmente ¡claro! la gente lo que hace es separarse y vivir sola, y en todo caso tener relaciones con una pareja; pero cuando una mujer de mi edad, hoy, tiene una independencia económica, normalmente está con una pareja porque le gusta esa pareja en todos los sentidos.

Extracto 9

El programa *Buzón abierto* de esta semana trata sobre la dificultad de encontrar la pareja ideal. Algunas personas han decidido grabar su propio anuncio en el programa. Escuche lo que busca una de estas personas:

Hola, me llamo Roberto. Soy profesor de ciencias en una escuela de Barquisimeto. Tengo 35 años, soy catire[4] y de estatura mediana. Me gusta mucho la

[4] *Catire* is the usual Venezuelan word for *rubio*.

naturaleza y uno de mis hobbies es la geología. Quiero una persona que comparta algunas de mis aficiones y que quiera encontrar un verdadero compañero en mí. Me gustan las mujeres tranquilas, reflexivas e independientes... No tengo gustos especiales en cuanto a apariencia física. Si crees que puedes congeniar conmigo, escríbeme al Apartado de Correos 17, Barquisimeto.

Extracto 10

En el siguiente extracto algunas jóvenes españolas hablan de lo que les gusta o les molesta en un hombre que sea su pareja:

Me gusta que sea simpático, que se abra a los demás y no me gusta que sea mentiroso; me irrita que sea mentiroso.

Me irrita que cuando se enfade no hable... o sea, que quede callado.

Me gusta mucho que sea sincero conmigo y sobre todo, pues que me respete mucho. Odio a las personas así muy engreídas, me irrita que se crea superior a los demás, que te mire por encima del hombro y, bueno, físicamente no pido mucho, pero me gustan los chicos morenos. Me gusta, pues como a todas las mujeres, que sean un poco dulces y me gusta que sea normal, que sea él mismo.

Me gusta que sea muy sincero, cariñoso, que me diga siempre la verdad, aunque sea malo pero que me lo diga, siempre la verdad. Y me irrita que sea machista, que se piense que él es el hombre de la casa o que no puede hacer ciertas cosas, y me gusta mucho que sea cariñoso y sensible y, pero también, que tenga iniciativa y que sea un hombre fuerte.

Extracto 11

Imagínese que usted comparte un piso con Luis. Él hace cosas que a usted le molestan y decide hablar con él. Siga el estímulo, como en el ejemplo:

(ronquidos)

Mira, Luis, me molesta que ronques.

(a) (saxofón mal tocado)

Mira, Luis, me irrita que practiques el saxofón cuando estoy en casa.

(b) (portazo)

Luis, otra cosa es que no soporto que cierres las puertas de un portazo.

(c) (pies arrastrando)

Tampoco soporto que arrastres los pies.

(d) (canturreo)

Perdona que te diga, pero me irrita que cantes continuamente.

(e) (música alta)

Me molesta que pongas la música tan alta.

Extracto 12

En el siguiente extracto va a escuchar las respuestas de varias personas a la pregunta:

¿Qué es lo que hace que un restaurante sea popular?

Pues... que tenga buen ambiente.

Que la atención sea buena.

Bueno, que la comida sea buena, para empezar y, por supuesto, que los precios sean razonables.

Que puedas sentirte cómodo... a gusto, ¿no? Creo que eso es lo principal.

Extracto 13

Ahora usted va a escuchar a los estudiantes de la Escuela de Hostelería, quienes le cuentan qué impresión quieren dejar en sus clientes:

Queremos que se acuerde del buen trato que le hemos dado.

Queremos que el cliente se sienta cómodo.

Queremos que el cliente nos distinga de los demás establecimientos.

Queremos que el cliente vuelva a nuestro establecimiento.

Extracto 14

A continuación va a escuchar a una madre que está buscando una guardería para su hijo. Escuche cómo describe lo que quiere:

Quiero una guardería que esté cerca de mi casa o de mi trabajo para empezar, aunque esto no es lo más importante para mí. Quiero que las personas que se dedican al cuidado de los chicos tengan alguna educación, esto es, que tengan algún tipo de preparación y que sean dinámicas y divertidas, que cada cual tenga pocos niños a su cuidado. Quiero también que cuente con un local amplio, que tenga jardín y juegos de interior y al aire libre. Quiero que ofrezcan una comida sana, y nada de dulces o bebidas gaseosas.

Extracto 15

En esta actividad va a despedirse de varios amigos en distintas situaciones. Escuche los diferentes estímulos y despídase de la persona deseándole lo más apropiado para cada situación. Siga el ejemplo:

Ya llegamos. ¿Me pasas a buscar a las once?

Bueno, hasta luego, ¡que te diviertas!

15

(a) (anuncio de estación: 'Señores pasajeros, el electrotrén procedente de Barcelona lleva un retraso de 20 minutos. Disculpen las molestias.')

Bueno, hasta la próxima. ¡Que tengas buen viaje!

(b) (estornudos)

Bueno, hasta mañana. ¡Que te mejores!

(c) (bostezos y 'Ya es tarde. Me voy a acostar.')

Buenas noches. ¡Que duermas bien!

(d) ('Me voy ya, que el examen es a las diez.')

Okey. Hasta mañana, entonces. ¡Que tengas suerte!

Extracto 16

Algunos amigos le van a contar una serie de cosas. Escúchelos y exprese sus buenos deseos utilizando *ojalá*. Fíjese en el ejemplo:

Quería jugar al tenis mañana pero el pronóstico del tiempo anuncia lluvia.

¡Ojalá que sea un día lindo!

(a) Tengo una entrevista de trabajo la próxima semana.

¡Ojalá consigas el trabajo!

(b) He comprado dos números de lotería.

¡Ojalá ganes!

(c) El viernes tengo que trabajar tarde. No sé si voy a poder ir a la fiesta.

¡Ojalá que puedas venir!

(d) Mi hijo tuvo un accidente y ahora está en el hospital.

Ojalá se recupere pronto.

(e) Mi perro ha desaparecido.

Ojalá que aparezca.

Extracto 17

Javier y Alicia son dos estudiantes de instituto que están charlando para *Radio Joven* sobre lo que van a estudiar cuando vayan a la universidad. Ponga atención a las opciones que tiene cada uno:

Presentador   Esta tarde tenemos en el estudio a dos de vuestros compañeros que van a hablar de su futuro, de los estudios que piensan realizar y de sus posibilidades de trabajo en el futuro. Javier, tú eres venezolano pero quieres estudiar aquí, ¿no?

Javier   Sí, me gustaría mucho realmente, pero es imposible saber con seguridad hasta que vea las notas que he sacado en el examen de COU[5]. Tengo una lista, y si todo me va bien es posible que estudie Periodismo, aunque a mí en realidad lo que me gusta es Psicología. Lo que pasa es que hay mucha gente que quiere estudiar esa carrera y las posibilidades de trabajo no son muy buenas. Ya veré, a lo mejor al final me lanzo por Psicología.

Presentador   Todo eso está muy bien, pero ya has hablado del paro que hay. ¿No has pensado en ir por una carrera más técnica donde te sea más fácil encontrar trabajo y que te pueda facilitar un puesto de mayor responsabilidad?

Javier   La verdad es que no sé... En casa también me dicen que por qué no hago una carrera con más futuro. También tengo Informática en mi lista... ¡Quién sabe! Puede que al final decida tomar una opción práctica y solicite entrar en Informática. De todos modos, no es muy probable que me acepten porque el COU lo hice por Letras.

Presentador   Muy bien, y tú Alicia, ¿qué carrera piensas seguir?

Alicia   Pues ya veremos en los exámenes. Si todo me sale bien es posible que pueda hacer lo que me gusta, que es Ingeniería Naval.

Presentador   Esa opción no es muy corriente en una chica. ¿Por qué quieres seguir estudios de Ingeniería?

Alicia   ¡Uy! Es que yo vengo de familia marinera y de todos modos, me encantan las máquinas. Seguro que hago una Ingeniería, aunque es posible que tenga que optar por

[5] *Curso de Orientación Universitaria*, the final year of secondary school.

Telecomunicaciones porque la verdad es que hay pocas plazas para Naval y Aeronáutica.

Presentador   En cualquier caso, ¿qué otras opciones tienes, si no te sale bien?

Alicia   No sé... La verdad es que lo tendría que pensar... ¡Por supuesto que lo de Letras está todo descartado! Lo tendría que pensar...

Extracto 18

Escuche unas posibles respuestas a las preguntas de Carmen y de Pepe:

Carmen   ¿Qué piensas hacer cuando termines el curso de español?

Respuesta   Ahora que tengo un buen nivel de español, es posible que vaya a visitar algún país de América Latina. Me fascinaría visitar Perú y Chile. Pero eso es muy caro... quizás haga un curso de literatura española, pero es posible que el nivel sea demasiado alto. De todos modos, seguro que seguiré estudiando español. Me apuntaré al nivel siguiente.

Pepe   ¿Qué planes tiene en relación con su futuro profesional?

Respuesta   En dos o tres años me gustaría tener un cambio profesional. Es posible que pida pasar un par de años en la sucursal que la empresa tiene en Centroamérica, pero no es probable que me manden, porque ya soy un poco mayor y prefieren gente joven para estos puestos. Quizás solicite un nuevo trabajo si eso me da posibilidades de viajar. ¡Quiero un poco de aventura antes de ser demasiado vieja para hacer estas cosas!

Extracto 19

Escuche a varios estudiantes españoles que hablan sobre lo que van a hacer cuando terminen sus estudios universitarios:

> Quizás, cuando acabe, pueda ir a hacer prácticas en una clínica de unos conocidos y más adelante, pues probablemente pueda encontrar trabajo.

Quizás me case o quizás no, pero me gustaría.

En principio tengo las expectativas de trabajar de lo que he estudiado pero posiblemente no encuentre trabajo porque está bastante mal el ámbito laboral y ¡pues no sé! trabajar de lo que sea... pero seguramente buscaré principalmente en lo mío: me gustaría ser abogada.

Ahora estoy estudiando Derecho. Probablemente, cuando salga de Derecho, me costará mucho encontrar trabajo porque ahora el mundo laboral está muy mal pero intentaré encontrar trabajo donde sea, pero mi objetivo final es ser abogada y ejercer como abogada. Intentaré todos los medios posibles para llegar a ello.

Pues probablemente trate de buscar en primer lugar un trabajo muy relacionado con lo que he estudiado. Sería cuestión también de empezar ya a buscarlo porque hay compañeros que han encontrado alguna cosa. Y si no, que es lo más probable, pues buscar vías alternativas, ¿eh?, sin perder un poquito la línea con la que he llevado los estudios y encontrar algo que se aproxime, que no esté tan de lleno identificado pero que se aproxime, y quizás por ahí sí que encontraríamos algo.

Extracto 20

Usted llama por teléfono para solicitar información sobre un trabajo que le interesa. Escuche el mensaje en el contestador automático y tome nota de los datos que debe dejar grabados:

> Muchas gracias por llamar a Consultoría Martínez. Por favor, deje su nombre – deletreado si es

necesario – su dirección, código postal y número de teléfono en el que se le pueda contactar durante las horas de oficina. No olvide incluir la referencia al trabajo en el que esté interesado.

Extracto 21

La señorita Marcela Graziani ha solicitado un trabajo con Benavente y Asociados. Ha conseguido pasar la preselección y el director de Recursos Humanos de esta empresa la ha llamado para una entrevista. Escuche a la señorita Graziani hablar de su experiencia profesional:

– Buenas tardes.

– Muy buenas tardes.

– Pase, por favor. Siéntese.

– Gracias.

– Para empezar me gustaría aclarar algunos puntos de su solicitud escrita. Después quiero hablar sobre su educación y su hoja de trabajo en lo que se refiere específicamente a este puesto. A continuación le expondré brevemente en qué consiste el puesto. Y finalmente, con todo gusto le responderé cualquier pregunta que no haya quedado contestada durante la conversación. ¿Le parece bien?

– Sí, perfectamente.

– Usted menciona que tiene preparación suficiente.

– Bueno, trabajé como analista de sistemas para Telefónica Argentina, en el departamento de Procesamiento de Datos durante dos años, de 1992 a 1994; después me trasladé a Rosario, donde estuve trabajando primero como jefa de analistas de sistemas, y ahora como analista en un proyecto de diseño.

– Pero parece que no tiene experiencia relevante a este trabajo.

– Parte de mi trabajo con Soluciones Reales consistía en diseñar programas para varios bancos locales.

– Bien. Nuestra empresa se dedica exclusivamente a las finanzas y, ¡claro!, nuestro departamento de Informática está en la primera línea de la empresa. Es por eso que necesitamos a alguien con una actitud seria, positiva. Como sabe, valoramos especialmente el conocimiento del inglés. Estamos interesados en alguien con gran entusiasmo y con nuevas ideas.

– ¿En qué consiste el trabajo concretamente?

– Bueno, en ayudar a analizar las necesidades informáticas de los diferentes departamentos de la compañía. Usted trabajaría con nuestro equipo de informáticos.

– Me gustaría saber qué sueldo ofrecen.

– Estamos ofreciendo un sueldo de 3.000 pesos al mes, una bonificación anual de acuerdo al rendimiento de la empresa, por supuesto, y siempre el aguinaldo.

– Y ¿cuál sería el horario de trabajo?

– De lunes a viernes, de nueve a cinco horario corrido.

– Me parece muy bien.

– Bueno, me agrada mucho, muchas gracias.

– Muchas gracias a usted.

Extracto 22

Escuche un modelo de la conversación telefónica entre la organizadora del camping y un estudiante que quiere ir a España a trabajar:

– ¿Cuál es su nivel de español?

– Bueno, yo he estudiado español durante varios años. En estos momentos estoy terminando el primer curso del diploma de español de la Open University, la universidad a distancia inglesa, que es de un nivel intermedio. No tengo dificultad para las situaciones normales. Lo que más me falta es práctica de hablar. Por eso quiero ir a España, para poder estar entre hablantes de español.

– ¿Tiene alguna experiencia en este tipo de trabajo?

– No directamente, pero yo he tenido muchas vacaciones en camping, y conozco bien cómo funcionan los campings y el tipo de gente que va. También tengo mucha experiencia en actividades al aire libre, porque soy socio del club de senderistas de mi ciudad.

– ¿Cuál es su ocupación?

– Soy maquinista de tren.

– Necesitamos personal para julio y agosto. ¿Cuándo podría venir? ¿en julio?, ¿en agosto?, ¿los dos meses?

– No, yo quería ir sólo un mes. Podría cualquiera de los dos, pero agosto es más fácil para mí.

– Muy bien, gracias. Le llamaremos dentro de una semana. ¿Tiene alguna pregunta?

– Eh... no, creo que no. Gracias.

– Bueno, adiós.

– Adiós.

Extracto 23

Escuche a una persona que describe su trabajo ideal:

> Yo quiero un trabajo sobre todo interesante y variado. Odio los trabajos monótonos. Busco un trabajo que saque lo mejor de mí: yo soy una persona creativa y muy dinámica. Me gusta trabajar en equipo, así que busco un trabajo que favorezca el intercambio de ideas con otros colegas. No quiero un trabajo que me obligue a estar sentada delante de la computadora sin poder hablar con nadie. Otra cosa, yo soy trabajadora, pero quiero seguir teniendo tiempo libre para disfrutar de mis aficiones. No quiero un puesto que me obligue a trabajar siempre tarde o los fines de semana. ¡Ah! y que tenga buen ambiente, con oficinas que tengan mucha luz y que esté bien pagado... ¡En fin, busco un trabajo ideal!

Extracto 24

A continuación va a escuchar una serie de situaciones en las que usted tendrá que hacer preguntas. Asegúrese que utiliza fórmulas de cortesía apropiadas para cada situación. Fíjese en el ejemplo:

Usted está en la central telefónica y quiere llamar por teléfono a su casa. Pida línea para Inglaterra a la telefonista.

¿Podría darme línea para el extranjero, para Inglaterra?

(a) Está en el aeropuerto y su avión para Manchester sale con retraso. Pregunte a qué hora sale el avión.

(b) Está en la recepción del hotel y se va hoy. ¿Cómo le pide al recepcionista que le prepare la cuenta?

(c) En el restaurante El Rincón de Pepe el mozo es un poco lento y no le ha traído el menú. ¿Qué le dice?

(d) En el mercado quiere comprar un poco de fruta. ¿Cómo le pide al dependiente un kilo de... lo que quiera?

(e) Está en un banco de la ciudad de México y necesita cambiar libras a pesos. ¿Cómo se lo pide al empleado?

(f) Usted necesita mandar un fax a la sede central de su compañía en Barcelona. Pídale a su secretaria que lo mande.

Extracto 25

Ahora escuche algunas respuestas posibles como modelo para la actividad anterior:

(a) (En el aeropuerto)

Por favor, el vuelo de Manchester tiene retraso. ¿Podría decirme a qué hora sale?

(b) (En el hotel)

¿Me hace el favor de preparar la cuenta de la habitación 212?

(c) (En el restaurante)

¿Me puede traer la carta, por favor?

(d) (En el mercado)

¿Me da un kilo de fresas?

(e) (En el banco)

Quisiera cambiar 100 libras a pesos, por favor.

(f) (En la oficina)

Cecilia, ¿le importaría mandarme este fax a la central urgentemente?

Éste es el final de la cara A.

This is the end of Side 1.

Cinta de actividades — Cara B

This is the fourth Activities Cassette for the Open University Level 1 Spanish course, *En rumbo*. Side 2: *Los medios de comunicación*.

Curso de español de la Open University, *En rumbo*. Cinta de actividades número 4. Cara B: *Los medios de comunicación*.

Extracto 1

Aquí tiene una biografía de la periodista Maruja Sarmiento. Ponga atención a las expresiones temporales y a los verbos en el pretérito indefinido:

Maruja Sarmiento nació en Sevilla en 1943. En 1961 empezó a estudiar Periodismo en la Universidad de Madrid. En 1965 se licenció y empezó a trabajar en Televisión Española como corresponsal. En noviembre de este mismo año viajó a Asia y allí conoció a James, un periodista escocés. Dos meses después fue a Estados Unidos e hizo un Máster en Medios de Comunicación. Vivió en Estados Unidos un año y durante este período escribió cartas a James y también lo visitó en Edimburgo. En noviembre de 1967 se casaron y ella trabajó como corresponsal en Londres. Vivió en esta ciudad de 1968 a 1975. Un año más tarde consiguió un trabajo en la BBC. En 1978 se divorció, volvió a España y creó una productora de televisión. Siete años más tarde, en 1985, viajó a África. Allí tuvo un accidente de coche y murió.

Extracto 2

Escuche una entrevista con Javier Lizarzaburu, del Servicio Latinoamericano de la BBC de Londres:

(Javier Lizarzaburu)

Con lo cual llegamos al final de esta emisión de *Enfoque* desde la BBC de Londres, un programa del Servicio Latinoamericano .....

(Entrevista)

– Hola.

– Hola.

– Cuéntanos quién eres.

– Me llamo Javier Lizarzaburu. Soy peruano y vivo en Londres. Soy periodista y trabajo en el Servicio Latinoamericano de la BBC.

– ¿Y eso qué quiere decir? ¿A qué te dedicas generalmente?

– Bueno, suelo hacer programas de radio en castellano para América Latina. El programa que produzco se llama *Enfoque*, que es un programa diario de 15 minutos, que se transmite en vivo.

– Este programa, ¿cómo es?

– Por ejemplo, hoy acabo de realizar un programa sobre la importancia política de Ernesto Che Guevara.

– Oye, ¡qué interesante! ¿Y cómo es un día normal en tu vida profesional?

– Bueno, suelo llegar entre ocho y media y nueve y media a la oficina. Por lo general leemos cuáles son las noticias del día en la BBC. Nos enteramos un poquito de todo lo que es el aspecto noticioso global. Normalmente, ya tenemos un reportaje preparado del día anterior, o un reportaje enviado por alguno de nuestros corresponsales. Y como el programa sale al mediodía, desde Londres, durante la mañana lo que hacemos es preparar los textos, los guiones, hacer alguna entrevista, o concertar alguna entrevista en vivo que se va a hacer durante el programa. Por la tarde, después de la transmisión y después de almorzar lo que hacemos es empezar a discutir los posibles temas para el día siguiente y, si es posible, avanzar algún reportaje, hacer alguna entrevista, o comisionar a alguno de nuestros corresponsales algún tema para que ellos preparen.

– ¿Qué se siente cuando finalmente terminaste?

– Las sensaciones varían, porque evidentemente, cuando es un programa en vivo siempre está sujeto a los imponderables. Estos pueden ser que te falle una línea telefónica cuando tienes una entrevista, y de pronto no escuchas quién te está hablando, no escuchas a tu entrevistado. O el entrevistado se altera mucho, y tienes que tratar de ser lo más diplomático y cortés para salir de ese embrollo. Y cuando estas dificultades suceden, obviamente terminas y te sientes o molesto o frustrado o te ríes, ¿no?, porque a veces ya son cosas absurdas las que suceden. Pero si ha sido una buena entrevista o un buen programa, con buenos reportajes, sientes una sensación de haber cumplido con tu audiencia con un buen programa.

– Pero a veces también me imagino que hay sorpresas y de repente resulta muchísimo más interesante de lo planeado y... y quizás no quisieras que se acabara.

– Ése es el problema que tenemos con cierta frecuencia porque éste es un programa de 15 minutos. Sucede que a veces consigues un entrevistado que es estupendo, que te está hablando muy bien, y ¡claro!... tienes la tiranía del tiempo. Porque como son transmisiones vía satélite, la transmisión se suspende inmediatamente al minuto 30. O sea, no hay cómo extenderse así quisieras, ¿no? Entonces sí es a veces frustrante ese aspecto.

– ¿Y qué es lo que más te gusta de tu trabajo?

– Es difícil de repente de poner algo en prioridad uno. Hay varias cosas. Una de ellas es poder hablar de distintos temas que, entre los productores y el editor del programa, consideramos que son oportunos y que son interesantes. Esto porque no tenemos las restricciones de un servicio comercial. Probablemente en una radio comercial hay muchísimos de los temas que nosotros hacemos que no harían ellos.

– ¿Cuál ha sido el momento más importante en tu carrera?

– Ha habido varios momentos importantes. Uno de ellos fue cuando hice la producción de un video[6] para Amnistía Internacional. Amnistía Internacional organizó uno de sus conciertos rock en Chile y esto era una celebración y un homenaje porque Chile acababa de regresar a la democracia. Pinochet había dejado el poder y el concierto se hizo en el Estadio Nacional, que como tú sabes durante la dictadura de Pinochet había sido un centro de tortura y un centro de detención. Y la atmósfera era una atmósfera que estaba cargada de una energía, de una electricidad que era no solamente contagiante, sino muy conmovedora, muy conmovedora.

– Entonces, hablas de que hacías producción de vídeo y hace unos años trabajas con la BBC. O sea, tu trabajo ha cambiado mucho, ¿no?

– Algunas cosas no han cambiado porque siempre he estado en el periodismo. Lo que sí ha cambiado es probablemente el medio porque empecé en prensa escrita, después televisión. Fue una sucesión de tareas, si tú quieres. En cambio ahora lo que estoy haciendo es radio.

– ¿Cuáles son tus planes para el futuro?

– Creo que en primer lugar me gustaría seguir haciendo lo que estoy haciendo en este

---

[6] In Latin America the word *video* is generally used instead of *vídeo*.

momento. Puede que esto cambie. Yo no tengo planes determinados ni fijos. Quizás en algún momento me decida a empezar otro proyecto, pero no lo tengo definido todavía.

Extracto 3

Ahora vuelva a escuchar a Javier Lizarzaburu describiendo uno de los momentos más importantes de su vida profesional:

> Ha habido varios momentos importantes. Uno de ellos fue cuando hice la producción de un video para Amnistía Internacional. Amnistía Internacional organizó uno de sus conciertos rock en Chile y esto era una celebración y un homenaje porque Chile acababa de regresar a la democracia. Pinochet había dejado el poder y el concierto se hizo en el Estadio Nacional, que como tú sabes durante la dictadura de Pinochet había sido un centro de tortura y un centro de detención. Y la atmósfera era una atmósfera que estaba cargada de una energía, de una electricidad que era no solamente contagiante, sino muy conmovedora, muy conmovedora.

Extracto 4

Escuche estas tres noticias de la radio. ¿De qué tema trata cada una?
(Primera noticia)

> Los editores españoles han decidido romper las negociaciones con la Ministra de Educación y Cultura, Esperanza Aguirre, con quien iban a reunirse esta misma tarde sobre el precio de los libros de texto. Consideran inviable la propuesta anunciada en la ley de acompañamiento de los presupuestos de aplicar descuentos progresivos en los

libros desde el 25%. Informa Verónica San José:

> Los editores están muy enfadados. No entienden nada y a la vista de lo ocurrido le han dado plantón a la Ministra con la que tenían previsto reunirse esta misma tarde. Han asegurado que esta propuesta es inviable y que en cualquier caso siguen abiertos a la negociación.

(Segunda noticia)

> Excelente temporada la del sector turístico de Baleares. En lo que va del año estas islas han recibido 6.600.000 turistas, lo que supone un aumento del 7,7% respecto a la afluencia registrada el año pasado. Reacción en Mallorca, Joan Mut:

> El mayor aumento en la llegada de turistas se ha producido en el mercado inglés seguido del alemán y el español. Asimismo, han crecido los ingresos turísticos en las islas que alcanzarán durante este año 737 mil millones de pesetas. Esta cifra supone un incremento superior al 10% respecto a la temporada turística del 96.

(Tercera noticia)

> La bolsa española ha cerrado la sesión de este martes con una mínima pérdida gracias a los avances registrados por Telefónica y pese a que el Banco de España ha decidido mantener los tipos de interés.

Las noticias vuelven a Onda Cero a las siete de la tarde, las seis en Canarias.

Extracto 5

Escuche de nuevo la noticia sobre el turismo:

Excelente temporada la del sector turístico de Baleares. En lo que va del año estas islas han recibido 6.600.000 turistas, lo que supone un aumento del 7,7% respecto a la afluencia registrada el año pasado. Reacción en Mallorca, Joan Mut:

El mayor aumento en la llegada de turistas se ha producido en el mercado inglés seguido del alemán y el español. Asimismo, han crecido los ingresos turísticos en las islas que alcanzarán durante este año 737 mil millones de pesetas. Esta cifra supone un incremento superior al 10% respecto a la temporada turística del 96.

Extracto 6

Conteste a las preguntas sobre la noticia anterior siguiendo el estímulo.

(a) ¿A qué zona geográfica española se refiere la noticia?

(Say it refers to the Balearic Islands.)

Se refiere a las Islas Baleares.

(b) ¿Cuántos turistas han visitado la región este año?

(Say: Six million six hundred thousand.)

Seis millones seiscientos mil turistas.

(c) ¿En qué porcentaje han aumentado con respecto al año anterior?

(Say they have increased by 7.7%.)

Han aumentado en un 7,7% .

(d) ¿De dónde procede la mayoría de los turistas?

(Say they come from England, Germany and Spain.)

Proceden de Inglaterra, Alemania y España.

(e) ¿En cuántos millones se estiman los ingresos turísticos para este año?

(Say: They are estimated to be 777 thousand million pesetas.)

Se estima que son de 777 mil millones de pesetas.

Extracto 7

Imagine que está sintonizando su radio para buscar un programa. ¿Puede identificar cuál de los siguientes es el programa de deportes?

BBC Internacional, con el análisis del acontecer mundial y las noticias de último minuto. Hoy en esta edición, el Presidente de Cuba, Fidel Castro, pronuncia un discurso de siete horas durante el primer día del quinto Congreso del Partido Comunista.

Bienvenidos a esta edición especial de *Enfoque* donde recordamos desde Cuba el treinta aniversario de la muerte del Che Guevara y analizamos la vigencia del socialismo en la isla.

Hoy también en *Disco Primicias* tocamos las nuevas grabaciones de The Charlatans, North and South, Chris Duarte y ésta del duo japonés Pizzicatto 5.

En el comentario económico por la BBC, Óscar Rodríguez Aguilar examina las razones detrás de dichos controles y sus consecuencias para el comercio internacional.

Los comentaristas ingleses tratan de leer el futuro en la actuación previa de los futbolistas como los druidas antiguos en el hígado de los corderos, o los modernos en la borra del café. En las dos jornadas del fin de semana trataron de anticipar el resultado del partido internacional entre Inglaterra e Italia del sábado que viene...

Pues mire, en estos momentos, unas manos, digamos amorosas, estarán poniendo en los escaparates de las librerías un libro hermosísimo. El más grande, para mí, el más grande poeta del siglo XX, Rilke, y su relación con Toledo. Él, que cambió en los últimos cinco años 50 veces de domicilio, que buscaba desesperadamente un lugar donde sintiera aparecer la vida... cuando llegó a Toledo se enamoró de la espiritualidad de El Greco, de la ciudad empedrada, de la posibilidad, decía él, de vivir en una ciudad donde está en la tierra pero participa del cielo. Él la llamaba 'de Antiguo Testamento'.

– Es que no dan nada.

– ¿Cómo que no dan nada?

– Claro que no. Por eso desconfiamos. Porque los ricos hacen este gesto como lo que usted ha dicho: o mala conciencia, pero en todo caso 'todo es de todos', como dijo el poeta.

– Hombre, mire señor Levi...

– ...ino,no,no!

– ... porque tengo poco tiempo, ¿eh?

Esta noche en Telecinco el regreso de la serie más entrañable de la televisión: *Médico de Familia*. A partir de las nueve y media, los nuevos capítulos de *Médico de Familia*, con la incorporación de Belén Rueda dando vida a Clara. *Médico de Familia*, todos los martes a las nueve y media de la noche. Sólo podía ser en Telecinco.

Son las seis de la tarde, las cinco en Canarias. Onda Cero, servicios informativos. Buenas tardes...

¿Has pensado ya dónde vas a ir de vacaciones? Vayas donde vayas, seguro que tendrás miles de oportunidades para practicar tu inglés. Pero si eres de los que aún no lo habla, *don't worry*. Con el método natural de Home English hablarás inglés desde el primer día. Llama a Home English 902 10 71 07. Recibirás toda la información. Y además te dirán cómo viajar a Inglaterra gratis. Llama ahora mismo a Home English 902 10 71 07. *Do it!*

Extracto 8

Escuche este extracto de *La radio de Julia*, un programa de gran audiencia en España. No se preocupe si no lo entiende todo.

La radio de Julia

Julia Bueno, pues hoy vamos a reflexionar en el tiempo de Gabinete que empieza sobre la función social de los ricos. ¿Por qué hablamos de los ricos? Se lo contamos en seguida. José.

José El magnate húngaro norteamericano George Soros, cuya fortuna personal asciende a dos mil quinientos millones de dólares asegura que utiliza sus conocimientos del mercado financiero para ganar un dineral que luego distribuye amistosamente entre los desheredados.

Julia Es un precioso este hombre. ¿Y cómo gasta el dinero? Sépanlo.

José En medios económicos se le considera responsable de provocar la tormenta financiera de 1992, cuando la libra esterlina y la lira italiana se vieron obligadas a salir del sistema monetario europeo para protegerse. Esa tormenta hizo que George Soros ganara mil millones de dólares en una semana.

Julia Mm. Tiene una fundación ahora, ¿verdad?

José Sí, tiene una fundación. La Open Society Fund, implantada en 29 países, que financia proyectos culturales y de defensa de los derechos humanos y la libertad de expresión. En el año 96 gastó 360 millones de dólares, unos 54 mil millones de pesetas, en dichos programas.

Julia La pregunta es: ¿Por qué los ricos dan dinero? ¿Para quedar bien? En eso quizá consiste la caridad en el tercer milenio. ¿Es solidaridad? ¿Es mala conciencia? ¿Por qué será que desconfiamos ante sus muestras de generosidad? A lo mejor somos muy injustos cuando desconfiamos. Hoy en el Gabinete en compañía de Fernando Fernández de Troconi. Muy buenas tardes.

Fernando   ¿Qué tal? Buenas tardes.

Julia   Don Manuel Delgado, muy buenas tardes.

Manuel   Hola, Julia.

Julia   Y don Pedro Altares, buenas tardes.

Pedro   Buenas tardes. Un poco mareado con las cifras.

Julia   Sí, ¿verdad? Queremos saber si cuando los ricos dan dinero en esas cantidades, sospechamos injusta o justamente. ¿Ustedes qué creen?

(Anuncio)

Onda Cero

Era una ama de casa común y corriente:

– Venga, vamos a la mesa. Vosotros, dejad de jugar y sentaros por el amor de Dios. El teléfono. Ya lo cojo yo. ¿Diga?

– Cariño, esta noche no podré ir a cenar.

– Vale.

Pero un día:

– ¡Ayyy!

– ¿Es grave doctor?

Grave estreno el 1 de octubre.

La radio de Julia

Julia   Volvemos a Gabinete en el que vamos a reflexionar sobre la extraña epidemia de generosidad que parece que se está cebando en algunos multimillonarios. Ricachones dedicados, según dicen ellos, a coger el dinero de los ricos, incluido el suyo propio, y después se lo dan a los pobres.

Fernando   Lo que no estoy de acuerdo en absoluto es que sea una epidemia reciente, si se puede llamar enfermedad, porque me parece algo muy sensato. Podemos pensar que dentro del imperio norteamericano en las fundaciones Rockefeller, las fundaciones Getti... o...

Julia   Bueno... de entrada... yo siempre pienso que desgravan.

Fernando   Sí, por supuesto.

Julia   Eso es lo primero que pienso...

Fernando   Por supuesto que también desgravan, pero desgravan como un gasto más. Eso no les quita en absoluto mérito, ni muchísimo menos. Me parece que es una manera de querer degradar un espíritu altruista y netamente generoso, el que estas personas sean también inmensamente ricas, pues mejor para ellos y qué bien. Y es más, no podemos olvidarnos de una cosa. Estas personas han llegado a ser tan inmensamente ricas, porque han tenido una chispa de genialidad y porque realizan o han realizado una función social importante. Son personas que han ganado su dinero de una manera absolutamente limpia, digna y honesta.

Pedro   Fernando, ése es el problema ¿eh? ¿Alguien ha llegado a tener tanto dinero por métodos estrictamente limpios?

Fernando   Estamos hablando de Soros, que sí lo ha hecho. Y estamos hablando de Ted Turner, que sí lo ha hecho. Estamos hablando de Bill Gates, que sí lo ha hecho.

Pedro   Ya.

Manuel   Bueno, yo... me gustaría aportar a esta discusión...

Julia   ... un granito de arena...

Manuel   ... y además un granito de arena testimonial. Mm... yo quizás por mi ubicación ideológica debería ser quien más desconfiara de ese tipo de generosidades, tras las cuales sería fácil adivinar todo tipo de malas conciencias o incluso de prácticas de blanqueo. Es decir, yo podía ser quien peor pensara acerca de las buenas intenciones de los magnates que dedican parte de sus capitales a ese tipo de gestiones culturales e iniciativas artísticas de patronazgos, etc. Pero, en cambio, he tenido una experiencia personal que me ha obligado a, prescindiendo de los prejuicios, reconocer cosas que quizás no reconocería si no fuera por esa experiencia personal.

Julia   Ha encontrado un rico bueno.

Manuel   Los que yo he conocido son gente que, a pesar de sus avatares personales, de cómo han llegado a obtener sus dineros y cómo manejan sus negocios, son gente que leen[7] y son gente que piensa y es difícil que alguien que lee y que piensa no tome conciencia de hacer un aporte a lo que sería la causa de la inteligencia.

Pedro   Pero vamos a ver, don Manuel. Yo creo que es evidente que el altruismo existe y que los seres humanos son seres complejos, y que los ricos no son malos por propia naturaleza en absoluto y que hay ricos de buena voluntad, que además tienen un cierto concepto de la solidaridad y que están dispuestos a distribuir una parte de lo que tienen entre los menos dotados. Eso es una realidad. Pero todo no lleva solamente a una cosa. Yo solamente creo en la buena voluntad de los ricos cuando la distribución lo [la] hacen vía impuestos.

Julia   Un momento... momento. Dejen que él se exprese y explique lo que quiere decir.

Pedro   Yo no estoy tan convencido de que los ricos paguen impuestos como los pobres. No hay nada más que ver cuántos millonarios hay en este país según la declaración de la renta. Y son poquísimos. Y luego resulta que no... no son tan pocos, ¿eh?, a la hora de disponer de determinado tipo de bienes.

Manuel   Vamos a ver. Si yo fuese multimillonario, ¿usted cree que yo le daría un duro, por ejemplo, a un estado como el español? Digamos, ¿usted cree que yo, que amo la inteligencia, el saber, la cultura, la vida universitaria, la vida académica, podía dar dinero a una administración pública que sé que va a gastárselo en cualquier tontería, menos en saber...

Fernando   Podemos hablar todo tipo de armamentos, de verdad...

Julia   Estamos alejándonos del tema.

---

[7] The speaker incorrectly uses the plural form of the verb *leer* here but then uses the singular form of *pensar*.

Extracto 9

Escuche a estos dos oyentes que llaman a *La radio de Julia* para dar su opinión:

Para hablar con el Gabinete 91 538 63 44 y 538 63 45 y con el prefijo 93 317 20 20 y 317 25 03.

– Bien. Pues abrimos teléfonos, a ver qué opinan los oyentes de estos ricos filántropos que quieren dar parte de su fortuna a aquéllos más necesitados. Buenas tardes.

– Sí, buenas tardes.

– ¿Cómo se llama?

– José María.

– Diga, José María.

– Hola, buenas tardes. Saludos a todos.

– Gracias.

– Yo, bueno, eh... prácticamente estoy convencido de que esas fortunas son imposibles de hacer trabajando. Yo pienso que si han robado, al menos que si tienen que hacer alguna acción, que sea una acción positiva, que de alguna manera, pues, algún beneficio obtendremos los demás.

– Gracias por llamar.

– A vosotros.

– Buenas tardes.

– Buenas tardes, ¿eh?

– Madrid, buenas tardes.

– Hola. ¿Es a mí?

– Sí, es a usted. ¿Cómo se llama?

– Soy Alfredo. Llámame de tú, por favor.

– Muy bien, Alfredo.

– Bueno, yo quería decir que creo que el señor Soros, este famoso... eh...

– Broker, sí... especulador, por decirlo de alguna manera...

– (especulador, sí, sí...)

– ...puede que gane el dinero de una manera legal, pero no sé yo si es muy ética. Y por último, quería decir dos cosas más: una, que creo que alguien más inteligente que yo dijo que era más fácil que un camello entrara por el agujero de una aguja, que un rico entrara en el cielo; y la otra, que creo que en este mundo se han intercambiado los valores, porque no es más rico quien más tiene, sino quien menos necesita, y eso sería una reflexión importante.

– Muy bien, Alfredo. Gracias por llamarnos.

– De nada. Hasta luego.

– Hasta luego.

Extracto 10

Escuche la opinión de otro oyente de *La radio de Julia*:

> A mí me parece que las acciones filantrópicas son buenas para la sociedad. Pienso que los multimillonarios tienen mucho dinero, y que pueden utilizar una parte para obras sociales. No estoy de acuerdo con las personas que piensan que los métodos no son limpios o no son legales, creo que muchos multimillonarios trabajan duramente para conseguir sus fortunas. Me parece que más millonarios deberían seguir el ejemplo de George Soros o Ted Turner.

Extracto 11

Escuche estas anécdotas, y concéntrese en las reacciones del oyente:

(a) ¿Sabes lo que me pasó el otro día? Resulta que estaba entrevistando al Presidente del Gobierno en televisión, y ¡se me cayeron todos los papeles al suelo!

¡Qué horror!

Afortunadamente me sabía las preguntas de memoria y pude terminar la entrevista con éxito.

¡Menos mal!

(b) A mí una vez me pasó una cosa horrible. Estaba en un debate de la radio y un oyente llamó y empezó a insultarme.

¡Qué desagradable!

Sí, fue bastante desagradable. Al final, el moderador cortó la comunicación y dio paso a otra llamada del público. Es triste que haya gente con tan malos modales.

¡Es verdad!

(c) ¿Sabes lo que me pasó una vez? Resulta que fui a Beijing a hacer un reportaje gráfico para mi periódico, y en medio de la calle ¡me encontré con mi vecina, que estaba allí de vacaciones!

¡Qué casualidad!

Sí, fue muy curioso. Nos fuimos juntos a comer a un restaurante y luego a tomar unas copas.

¡Qué bueno!

(d) A mí una vez me pasó una cosa muy curiosa. Fui a visitar una casa abandonada, muy misteriosa, para un artículo sobre esoterismo, y de repente escuché unos ruidos muy extraños.

¡Qué miedo!

Sí, fue un poco raro. Pero yo no creo en fantasmas, así que seguramente fue el viento.

¡Menos mal!

Extracto 12

Reaccione a estas anécdotas usando una de las expresiones que aparecen en el extracto anterior. Hay varias posibilidades, pero en el modelo sólo le damos una.

(a) ¿Sabes lo que me pasó una vez? Pues resulta que tuve que esperar ¡doce horas! en la puerta de la casa de un cantante famoso, bajo la lluvia, para poder hacerle una foto.

¡Qué desagradable!

(b) A mí me pasó una vez una cosa curiosísima. Resulta que durante una entrevista en directo me quedé en blanco, me olvidé completamente de las preguntas que tenía que hacer.

¡Qué horror!

(c) Una vez se me cayó el micrófono al suelo cuando leía las noticias.

¡Qué mala suerte!

(d) ¿Sabes lo que me pasó una vez? Pues resulta que durante una transmisión en directo en la calle, pasó un coche a toda velocidad y me salpicó toda el agua de un charco.

¡Qué mala suerte!

(e) Una vez entrevisté a un miembro de una secta satánica que tenía una mirada diabólica.

¡Qué miedo!

(f) Una vez, antes de entrevistar a un científico famoso, tuve que escuchar una charla suya sobre física cuántica que duró ¡cuatro horas!

¡Qué rollo!

(g) ¿Sabes lo que me pasó una vez? Pues resulta que iba andando por la calle y me encontré un billete de 10.000 ptas.

¡Qué suerte!

Extracto 13

Escuche este modelo de cómo contar una anécdota:

> ¿Sabes lo que me pasó una vez? Resulta que estaba en casa, a eso de las ocho de la noche, viendo la televisión. Estaba bastante cansada después de un largo día de trabajo. Afuera hacía un tiempo horrible, llovía y hacía mucho frío. Y cuando estaba viendo un programa muy interesante en el Canal 11, sonó el teléfono. Yo no esperaba ninguna llamada a esa hora, ¿quién sería? Contesté el teléfono y una voz desconocida respondió y dijo que era Luis del Castaño, locutor de la emisora de Radio del Plata. Dijo que en ese momento había un concurso en el que se hacían llamadas de teléfono al azar. Entonces me preguntó: '¿Quiere usted participar?' Y yo contesté: 'Sí.' Me hizo tres preguntas en total. Primero me preguntó: '¿Dónde está el cerro Pan de Azúcar?' Y yo contesté: '¡En Río de Janeiro!' Y él dijo: '¡Correcto!' Después me preguntó: '¿Cuál es la capital de Brasil?' Y entonces yo le respondí: '¡Brasilia!' '¡Correcto!' – dijo él. Finalmente me preguntó: '¿Qué se celebra habitualmente en Brasil durante el mes de febrero?' Mm... esta pregunta era más difícil, pero al final respondí: '¡el carnaval!' ¡Correcto! Y dijo que como había contestado las tres preguntas bien me había ganado un viaje a Brasil gratis. ¡Increíble, yo a Brasil, gratis! Le di las gracias, me despedí y colgué el teléfono. Estaba supercontenta y muy nerviosa. Bueno, pues me fui a la cocina a preparar la cena, pensando en mi viaje a Brasil. Diez minutos después, cuando estaba cocinando, sonó el teléfono otra vez. Contesté y escuché una voz decir: '¡Que la inocencia te valga!' Todo era una broma, en realidad no era Luis del Castaño, ¡era uno de mis colegas de trabajo!

Extracto 14

Escuche unas cuñas publicitarias. ¿Qué productos anuncian?

> ¿Te preocupa cómo vivirás en el siglo que viene? ¿Te preocupa elegir lo que podrás hacer? Escucha todos los domingos a partir de las nueve de la mañana en Onda Cero Consumo 21, el programa dedicado al consumo inteligente y responsable.

Seguridad Mapfre. La solvencia del número 1 en seguros de automóviles. Asegure su coche en Mapfre.

A veces las paredes hablan. Las mirillas espían. Las vidas se cruzan en un rellano. ¿Conoces realmente a tus vecinos? Entra en su vida en *Calle Nueva*, de lunes a viernes después de comer en la primera de Televisión Española.

Soy una lectora de la revista *Diez Minutos* y quiero decirles a las que no lo son que os quedaréis esta semana sin las mejores recetas de Simone Ortega. Sí, las de su famoso libro. En fichas coleccionables. Paso a paso, y gratis. Y sin la medalla de la boda de la Infanta. Bañada en oro. ¡Pásate a *Diez Minutos*, mujer, que te lo pierdes!

Antes del 11 de octubre, ven. Ven a nuestra fiesta de aniversario. Tienes mucho que celebrar. Te hemos preparado la mejor selección en alimentación, ropa, menaje, electrodomésticos, y todo, todo a precios de

aniversario. Hasta el 11 de octubre. Ven al aniversario Pryca. ¡No te lo pierdas!

(Suena el teléfono)

– Ejem, ejem.
– Vía Digital, ¿dígame?
– Buenos días, señorita. Creo que tienen ustedes un canal femenino.
– Sí, señorita. El canal Ella, con todo lo que a usted como

mujer de hoy le puede interesar. Moda, decoración, belleza..

– Pues... apúnteme, por favor.
– Muy bien, señorita. Dígame su nombre.
– Evarist... Evarista Ruiz.

Canal Ella. A tu mujer también le gustará. Vía Digital. 35 canales temáticos por sólo 2.500 ptas al mes. Abónate llamando al 902 20 00 35 o a cualquiera de nuestros distribuidores autorizados.

This is the end of the fourth Activities Cassette.

Éste es el final de la cuarta Cinta de actividades.

Guión del radiodrama

Un embarazo muy embarazoso

Séptimo episodio

La lechuga, la pechuga y la rosa

Ha pasado un día. Es por la mañana. Carlos ha tenido una mala noche. Su mujer no le ha dirigido la palabra desde el día anterior. Pero Carlos vuelve a insistir.

Carlos   Isabel, por última vez, cuéntame ¿cuál es el problema?

Isabel   ¡Tienes una amante, Carlos! ¿Cómo has podido hacerme eso?

Carlos   ¿Una amante? ¿Yo? ¿Estás loca?

Isabel   Sí, esa Rosarito o como se llame.

Carlos   ¿Rosarito? ¿Quién es Rosarito?

Isabel   ¡No te hagas el tonto!

Carlos   No me hago el tonto. Yo no conozco a ninguna Rosarito.

Isabel   Es mejor que digas la verdad. Sé valiente y confiésalo.

Carlos   Yo no conozco a ninguna Rosarito ni tengo ninguna amante. ¡Ésta es la única verdad!

Isabel   Mira, Carlos, no sigas mintiendo, porque es lo que más me irrita.

Carlos   ¡Te juro, Isabel, que no sé de qué estás hablando!

Isabel   ¡Qué ingenua he sido! Yo pensaba que eras un modelo de esposo, que podía confiar en ti. ¡Y resulta que me estás engañando! No te lo perdonaré nunca, ¡nunca! Seguro que esa Rosarito es una de tus alumnas.

Carlos   ¡Qué alumna ni qué...! Isabel, estás llevando esto muy lejos. Te vuelvo a jurar que no tengo ninguna amante. Yo sólo te he querido y te quiero a ti. No ha habido, no hay y no habrá nadie en mi vida más que tú.

Isabel   ¡Cállate! ¡No me tortures más con tus mentiras!

Carlos   Por favor, cálmate. Recuerda que estás embarazada.

Isabel   Sí. ¿Te preocupo yo o tu futuro hijo?

Carlos   Me preocupas **tú.**

Isabel   ¡Confiesa la verdad, Carlos, y no digas una palabra más! ¡Te exijo la verdad!

Carlos   Pero ¿qué verdad? ¡Esto es absurdo! No hay más verdad que la que te he dicho. ¿De qué verdad me hablas?

Isabel   ¡De ésta!

En ese momento, Isabel saca el papel con el poema que encontró Rosita.

Carlos   ¿Qué es eso?

Isabel   ¡La prueba!

Carlos   ¿Qué?

Isabel   Esto es el poema que me dedicaste cuando éramos novios. ¿Te acuerdas?

Carlos   ¿Qué tiene que ver eso con todo este jaleo?

Isabel   Tiene que ver que ahora ya no me lo dedicas a mí. ¡Has cambiado la dedicatoria! Un poema de amor que escribiste para mí. Con un amor que tú decías que era para toda la vida. ¡Y ahora lo dedicas a otra! ¡Tu amante! ¡Eres un demonio!

Carlos   Dame ese papel.

Isabel ¡Toma, tuyo es! ¡Dáselo a ésa! Yo no quiero ya nada de ti.

Carlos echa un vistazo al papel.

Carlos 'A mi queridísima Rosarito'. Pero ¿qué es esto? ¡Yo no conozco a ninguna Rosarito! ¡Esto no es mío!

Isabel ¿Cómo que no es tuyo? ¡Es tu poema!

Carlos ¡Sí, pero yo no se lo he dedicado a nadie más que a ti!

Isabel ¡Ya está bien! ¡Ya está bien! ¡Quédate con tus mentiras!

Carlos ¿Adónde vas?

Isabel A mi cuarto. ¡Y no me sigas!

Carlos Isabel, esto tiene que tener una explicación. ¡Isabel!

Isabel corre hacia su habitación y cierra con llave. Su marido, que la ha seguido, no puede entrar.

Carlos ¡Isabel, abre la puerta!

Isabel ¡No! ¡Y déjame en paz!

Carlos ¡Isabel, por favor, abre la puerta!

Alarmados por el escándalo, acuden Zacarías y Rosita.

Zacarías ¿Qué pasa, Carlos?

Rosita Papá, ¿qué es todo este jaleo?

Carlos ¡Tu madre me acusa de adulterio!

Zacarías ¡Arrea! ¿Pero tú engañas a Isabel, hijo?

Carlos ¡Qué voy a engañar! Eso dice ella porque ha encontrado esto.

Zacarías ¿A ver? Déjame ver.

Zacarías toma el papel de manos de Carlos.

Carlos Es un poema mío, pero con una dedicatoria a una persona que yo no conozco.

Zacarías ¡Ay, Dios mío! ¡Pero si éste es el papel que perdí ayer!

Rosita ¿Qué tienes tú que ver con esto, abuelo?

Zacarías ¡Ay! Pues, mirad, no os vayáis a enfadar conmigo, pero esto es una confusión y yo tengo la culpa. Carlos, encontré el poema en la estantería del salón. Estaba buscando algo para copiar y dedicarlo a Rosarito, una viuda del club de jubilados que me da calabazas. Como me voy mañana, quería darle algo de recuerdo. Además, era el día de San Valentín. Encontré este poema y me pareció ideal. Yo no sabía que era tuyo, Carlos.

Carlos ¡No importa, papá! ¡No importa! ¡Acabas de darme una alegría inmensa! ¡Isabel! ¡Isabel, abre la puerta! Ahora ya te puedo dar todas las explicaciones que quieras. Abre, por favor.

En ese momento Isabel abre la puerta.

Isabel Lo he escuchado todo, Carlos. ¡Lo siento, lo siento, mi amor! He sido una estúpida. ¡Cuánto lo siento! Estoy avergonzada.

Carlos ¡Oh, no digas eso, mi vida! Ven a mis brazos.

Carlos e Isabel se abrazan.

Zacarías ¡Bravo! ¡Bravo!

Isabel ¡Ay, Carlos, te quiero!

Carlos Yo también. Con toda mi alma. ¿Cómo pudiste dudar de mi amor?

Isabel Perdona, cariño. Perdona. Soy una estúpida.

Carlos No digas nada.

Rosita ¡Que se besen! ¡Que se besen!

Carlos e Isabel se dan un beso.

Zacarías ¡Eh, ya está bien, ya está bien!

Rosita ¡Vivan los enamorados!

Zacarías Oye, Carlos, ¿te importaría prestarme tu poema? Anda, hazme el favor. Se lo mandaré a Rosarito por correo desde el pueblo.

Rosita ¡Abuelo, ya está bien de copiar! Un poema es algo personal. Seguro que tú también puedes escribir uno.

Zacarías   En realidad lo he escrito, pero me temo que a Rosarito no le va a gustar.

Carlos   Recita tu poema, papá, y ya veremos. Quizás descubramos un nuevo talento.

Rosita   Sí.

Zacarías   Vale, ahí va. Me lo sé de memoria. Es muy cortito, ¿eh? Atentos.

> Rosarito, Rosarito, hermosa,
> con tu boca como una lechuga,
> eres más guapa que una rosa
> y más rica que una pechuga.

¡No os riáis, leñe!

Rosita   ¡No está tan mal, abuelo! ¡Entre lechuga y pechuga, por lo menos hay una rosa!

Octavo episodio

La despedida

Es ya el día de la marcha de Zacarías, que regresa a su pueblo tras su larga estancia con la familia. Todos le acompañan en coche a la estación para despedirlo.

Rosita   Abuelo, estás muy callado. ¿Te pasa algo?

Zacarías   Estoy triste porque os dejo.

Rosita   No te preocupes, iremos a visitarte a menudo.

Zacarías   Ya lo sé, Rosita, pero no puedo evitar sentirme así. ¡He pasado tan buenos días aquí con vosotros!

Isabel   ¡Un poco agitados, diría yo!

Zacarías   Ya sé que te he dado muchos disgustos, Isabel. Pero tú me perdonarás, hija. Yo soy así.

Isabel   No se disculpe, don Zacarías. No pasa nada. Como dice Rosita, lo visitaremos con frecuencia.

Carlos   Papá, todos te vamos a echar mucho de menos. No tengas la menor duda.

Rosita   Vendrás para el parto, dentro de dos meses, ¿verdad, abuelo?

Zacarías   Claro, ¡cómo voy a faltar al nacimiento de mi nieto!

Isabel   'Nieto' o 'nieta'. No se sabe.

Zacarías   ¡Yo sí lo sé! ¡Va a ser 'nieto'!

Isabel   No importa si es niño o niña. Yo sólo quiero que venga bien y con salud.

Carlos   Yo digo lo mismo.

Rosita   Pues yo quiero una niña para fastidiar al abuelo.

Zacarías   ¡Va a ser un niño! ¡Y será futbolista! ¡Del Real Madrid!

Hay mucho tráfico ese día en Madrid. Cuando llegan a la estación, el tren está a punto de salir. Corren hacia el andén donde está el tren y Zacarías se mete en el primer vagón que encuentra. Desde la ventanilla del vagón, Zacarías se despide.

Zacarías   ¡Adiós! ¡Adiós a todos! ¡Os quiero mucho! Escribidme a menudo. ¡Y a ver si es verdad que venís a verme!

Carlos   Iremos una vez al mes, papá, ¿de acuerdo?

Isabel   ¡Carlos, no exageres!

Carlos   ¡Deja que se vaya contento, mujer!

Zacarías   Vale, ¡adiós! Voy a buscar asiento, que está entrando mucha gente. ¡Adiós!

Todos   ¡Adiós! ¡Adiós!

Zacarías entra en el vagón para buscar un lugar donde acomodarse.

Isabel   Venga, Carlos, vámonos ya.

Carlos   Espera, Isabel. No está bien irnos tan rápido. Espera a que se vaya el tren, por lo menos.

Isabel   ¡Pero si ya no podemos ver a tu padre, ni él a nosotros! Además, me siento cansada. Quiero sentarme y tomar algo.

Al final, van a un bar de la estación. Cuando terminan, se dirigen al coche para volver a casa y entonces se llevan una gran sorpresa.

Rosita   ¡Anda, el abuelo!

Carlos   ¡Papá! ¿Qué haces aquí? ¡Si el tren ha salido ya!

Isabel   ¿Qué significa esto, don Zacarías? ¿Otra historia de las suyas?

Rosita   ¡Desde luego, abuelo, eres una sorpresa continua!

Zacarías   Tranquilos, no ha pasado nada malo. Me he bajado del tren cuando apenas había arrancado. Todavía iba muy despacio, ¿eh? No ha habido ningún problema. Os busqué, pero como no estabais en el andén, vine aquí hasta el coche, y aquí he estado esperando. Habéis tardado mucho.

Carlos   Hemos estado en un bar. Oye, ¿por qué te has bajado del tren?

Zacarías   Porque he decidido quedarme con vosotros para siempre.

Isabel   ¿Qué? ¡Ay! ¡Carlos, agárrame, que me desmayo!

Rosita   ¡Mamá!

Carlos   ¿Qué te pasa, Isabel?

Isabel se desmaya de verdad, pero su marido la sujeta a tiempo.

Carlos   Papá, ayúdame a coger a Isabel. Vamos a meterla en el coche.

Zacarías   ¡Voy, voy!

Introducen a Isabel en el coche y allí le dan aire hasta que se recupera.

Rosita   ¡Ya está despertándose!

Carlos   Isabel, ¿estás mejor?

Isabel   ¡Ay! ¿Qué... qué pasó?

Rosita   Te desmayaste, mamá. ¿Cómo te sientes ahora?

Isabel   Mejor. No sé qué me ha pasado. Por un momento, pensé que tu abuelo había vuelto para quedarse para siempre.

Zacarías   ¡Y es verdad! ¡Ya no os dejaré nunca más!

Isabel   ¿Qué? ¡Ay! ¡Ay!

Rosita   ¿Qué te pasa ahora, mamá?

Isabel   ¡Las contracciones! ¡Han empezado las contracciones!

Carlos   ¡Cómo van a ser las contracciones! ¡Si quedan dos meses para el parto!

Isabel   ¡Ay, que son las contracciones de verdad! ¡Llévenme al hospital, al hospital, Carlos!

Zacarías   ¡Anda, mi nieto va a ser sietemesino! ¡Como yo!

Van al hospital. Las contracciones son cada vez más frecuentes y violentas. Cuando llegan, Isabel es enviada directamente a la sala de partos. Carlos la acompaña. Pasa mucho tiempo. Todos están nerviosos.

Zacarías   ¿Qué estará pasando? ¿Estará todo bien?

Rosita   Claro que sí, abuelo. No te preocupes. Voy a preguntar otra vez.

Rosita va a ver qué noticias hay. A los pocos minutos vuelve con su padre, llena de gozo.

Carlos   ¡Ya ha nacido! ¡Ya ha nacido!

Zacarías   ¡Ay, gracias a Dios!

Rosita   ¡Qué alegría! ¿Y cómo está mamá?

Carlos   Algo débil, pero bien. La enfermera dice que pronto os dejarán pasar.

Rosita   ¡Pronto nos dejarán pasar, abuelo! Nos lo ha dicho la enfermera.

Zacarías   Y bueno, ¿qué es? ¿Niño o niña?

Carlos   ¡Es un niño!

Zacarías   ¡Lo sabía! ¡Lo sabía! ¡Ya tenemos futbolista!

Cuando llega la hora de las visitas, Carlos, Rosita y Zacarías entran a ver a Isabel y al niño. El bebé está en una incubadora. Todos se felicitan y están muy contentos.

Rosita   ¡Anda, abuelo, si se parece a ti!

Carlos   Sí, es verdad.

Zacarías   ¡No digáis eso! ¡Tiene la nariz muy gorda!

Isabel   Igual que la suya, don Zacarías.

Rosita   ¿Y cómo se va a llamar?

Zacarías   Diego Armando, como Maradona.

Rosita   Anda, Roberto, como mi actor favorito.

Carlos   Carlos, como yo.

Isabel   No, nada de eso. El niño se llamará...

Todos   ¿Cómo?

Isabel   ¡Zacarías!

Éste es el final de la Cara B.

That's the end of Side 2.

Improve your command of modern Spanish! This Transcript Booklet is one of four which support the intermediate Spanish course *En rumbo*. They contain transcripts of the following recorded material: video footage filmed in Galicia, Catalonia, Mexico and Peru, presenting aspects of the themes covered in the main course textbooks; Activities Cassettes, designed to improve speaking and listening skills, and featuring a variety of accents from different regions of the Spanish-speaking world; and an Audio Drama, *Un embarazo muy embarazoso*, which gives additional continuity to the themes by reinforcing the main grammatical structures and vocabulary.

This *En rumbo* Transcript Booklet accompanies the fourth of the four main textbooks, *En rumbo 4* (ISBN 0 415 20327 9), which covers careers and aspirations, the media and communications.

En rumbo is part of the Open University Spanish programme. *A bordo*, an introductory course to *En rumbo*, is also available.

ISBN 0-415-20331-7

9 780415 203319